Reinhard Abeln

Das Schiefundschlapplachbuch

Reinhard Abeln

DAS SCHIEFUND SCHLAPP LACHBUCH

Mit Zeichnungen
von Gerhard Foth

222 Witze
für Erst-
kommunion-
kinder

kbw bibelwerk

Inhalt

Liebes Erstkommunionkind!

Hab immer etwas Humor und Freude im Herzen! Wer sich daran hält, kommt besser und leichter durchs Leben. Ohne Humor – das heißt: ohne Spaß an dem, was wir tun – ist jeder Tag langweilig und traurig. Im Volksmund heißt es: »Humor ist nicht alles, doch ohne Humor ist alles nichts.« Echter Humor macht unser Herz weit und froh, friedlich und gut. Können wir uns Besseres wünschen? Das ist doch weit wichtiger, als ob meine Nase kurz oder lang, platt oder spitz geraten ist.

Viele große Heilige waren humorvolle Menschen. Zu ihnen gehört zum Beispiel Thomas More (1478– 1535), der englische Lordkanzler und Patron der Katholischen Jungen Gemeinde (KJG), den König Heinrich VIII. köpfen ließ. Dieser Heilige hat uns sogar ein Gebet um Humor hinterlassen: »Gott, schenk mir Sinn für Humor! Gib mir die Gnade, einen Scherz zu verstehen, damit ich ein wenig Glück kenne im Leben und anderen davon mitteile!« – Du siehst, Humor ist eine Lebenshaltung, um die man sogar beten kann! Dieses Witzebuch möchte dir eine gute Portion Humor, ein Stück Lebensfreude schenken. Es enthält schöne und lustige Begebenheiten aus dem Leben von Kommunionkindern – rund um Kirchturm, Familie, Unterricht, Freunde, Freizeit und den lieben Gott. Nimm es immer wieder zur Hand und denk an das schöne chinesische Sprichwort: »Jede Minute, die du lachst, verlängert dein Leben um eine Stunde!«

Zwischen den Witzen eingestreut sind pfiffige Rätsel und Knobeleien, lustige Scherzfragen (natürlich mit Antworten) und echte Zungenbrecher. Sie wollen dich froh und heiter stimmen und dir sagen, dass man das Leben am besten lächelnd meistert.

Aber jetzt fang erst mal an, in diesem Buch zu lesen! Je mehr du dies tust, umso mehr Freude wirst du an den Beiträgen haben, umso herzhafter wirst du lachen können und umso fröhlicher wirst du das Beste aus dem Buch – vielleicht sogar mit eigenen Worten – an andere weitererzählen!

Ich wünsche dir viel Vergnügen mit diesem Buch – dazu viel Glück und Gottes Segen an jedem Tag, der dir geschenkt ist!

Dein Reinhard Abeln

Im und um das Gotteshaus

In der Erstkommunionsstunde wird über die heilige Messe gesprochen.
»Welchen Sinn haben die kirchlichen Zeremonien?«, fragt der Pfarrer die Kinder.
Das weiß Hanna: »Sie bewirken, dass alles lange genug dauert.«

Die Kommunionkinder besichtigen die neue Orgel in der Kirche.
»Zu was sind denn die schwarzen Tasten da?«, will Leon gern wissen.
»Ist doch klar«, antwortet sein Freund Luca, »die werden bei traurigen Liedern gespielt!«

»Weiß jemand von euch, warum der Taufbrunnen gleich am Eingang der Kirche steht?«, fragt der Pfarrer die Kommunionkinder.
Keiner weiß es. Da hat Finn eine Idee und meint: »Damit man schnell wieder aus der Kirche herauskommt!«

In seiner ersten Beichte sagt Erstkommunikant Tim dem Pfarrer: »Ich habe gegen das Gebot ›Du sollst nicht begehren deines Nächsten Weib‹ verstoßen.«
Erstaunt antwortet der Pfarrer: »Aber Tim, das kann doch nicht sein. Du bist doch erst neun Jahre alt.«
»Doch«, antwortet darauf der Junge, »die Frau unseres Nachbarn backt viel leckerere Kuchen als meine Mutter.«

Der Pfarrer stellt Erstkommunikant Jonas streng zur Rede:

»Stimmt es, dass du gestern nach dem Gottesdienst vor der Kirche den Rainer geschlagen und geboxt hast?«

»Ja, das stimmt«, gesteht Jonas.

»Da bist du aber entschieden zu weit gegangen«, rügt der Pfarrer.

»Genau!«, meint Jonas. »Ich hätte ihn schon gleich in der Kirche vermöbeln sollen. Aber das hätte mir dann zu viel Ärger eingebracht!«

Vor der Kirchentür finden die Kommunionkinder einen Betrunkenen auf dem Boden liegen.

»Fehlt dem Mann etwas?«, fragt der Pfarrer besorgt, als er vorbeikommt.

»Nein, im Gegenteil«, erklärt Leonie, »der hat zu viel!«

Was braucht das Auto unbedingt, was dem Pferd sehr lästig ist?

Bremsen.

Zum Kindergottesdienst bringt der Pfarrer den neuen Diakon mit, der ab jetzt ein Praktikum in der Gemeinde machen wird.

Dann fragt er die Kinder: »Wer von euch weiß, was ein Diakon ist?«

Erstkommunikantin Lena hat eine Antwort parat: »Ein Diakon ist ein Pfarrer, der noch nicht ganz richtig ist.«

Das Schuljahr hat mit einer Eucharistiefeier in der Kirche begonnen. Der Pfarrer greift in der darauf folgenden Reli-Stunde auf diesen Gottesdienst zurück und will von den Kindern wissen, was sie alles beobachtet haben.

Dann fragt er: »Wer von euch hat denn gesehen, was ich mit den übrig gebliebenen Hostien gemacht habe?«

Erstkommunikant Luis hat gut aufgepasst: »Die haben Sie in den Kühlschrank über dem Altar gestellt!«

»**Maximilian war heute** daran schuld, dass nach dem Kommunionunterricht im Gemeindesaal eine Fensterscheibe kaputt ging«, berichtet Paul beim Abendessen.

»Wie ist denn das gekommen?«, fragt die Mutter.

»Ja, weißt du, ich habe einen Stein auf ihn geworfen und da hat er sich gebückt.«

Als Familie Knorz die Kirche verlässt, beginnt der Vater gleich über die Predigt und den Kirchenchor zu schimpfen.

Aber Tochter Anna, die in diesem Jahr zur Erstkommunion kommt, weiß den Vater vortrefflich zu besänftigen:

»Was willst du denn, Vater? Für die 20 Cent, die du für unsere ganze Familie in das Opferkörbchen gegeben hast, war das Programm doch wirklich ganz gut.«

Sprich ganz schnell:
Wer nichts weiß und weiß,
dass er nichts weiß,
weiß mehr als der, der nichts weiß
und nicht weiß, dass er nichts weiß.

Über einigen Haken an der Garderobe des Gemeindesaals wurde ein Schild angebracht: »Nur für Gäste des Gemeindehauses«.
Kurze Zeit später hängte Erstkommunikant Niklas einen Zettel darunter: »Man kann aber auch seinen Mantel daran hängen.«

Wie viele Leitern braucht man bis zum Mond?

Eine, sie muss nur lang genug sein.

»Deine kleine Schwester war bei der Taufe aber sehr brav und hat kein einziges Mal geschrien«, sagt der Pfarrer zu Erstkommunikant Jan.
»Kein Wunder«, erwidert der Junge, »wir haben ja auch die ganze Woche vorher mit der Gießkanne geübt!«

»Wer von euch kann sich denken, warum das Opferkörbchen bei der Gabenbereitung herumgereicht wird?«, möchte der Pfarrer von den Kommunionkindern wissen.
Mia hat da eine Vermutung: »Weil viele Leute erst nach Ihrer Predigt zur Kirche kommen!«

Welche Tiere waren nicht in
Noachs Arche? Die Fische.

Im Anschluss an den Gottesdienst sagt

Ben zu seiner Mutter: »Nach meiner Erstkommunion möchte ich auch Ministrant werden.«
»Warum denn das?«, fragt die Mutter.
»Das macht doch viel mehr Spaß, um den Altar
herumzulaufen, als langweilig in der Bank zu
sitzen!«

Zehn Schornsteine
plus fünf Schornsteine
plus acht Schornsteine
minus sieben Schornsteine.
Was kommt da heraus? Rauch.

Der Pfarrer und seine Schäfchen

»Stimmt es, dass dein Vater gefährlich krank ist?«, fragt der Pfarrer seinen Erstkommunikanten Philipp. »Halb so schlimm«, antwortet der Junge. »Gefährlich ist er nur, wenn er gesund ist!«

»Maxi«, knöpft der Pfarrer sich seinen Erstkommunikanten vor, »als ich in deinem Alter war, habe ich nie gelogen!«
»Und wann haben Sie damit angefangen?«, will daraufhin der Junge wissen.

Der Pfarrer will den Kommunionkindern das Wort »Kamerad« erklären.
»Wie heißt einer«, so fragt er die Gruppe, »der auch das Letzte mit uns teilt? Ein Ka ..., Ka ..., Ka ...?«
Da kommt ein Strahlen über Janniks Gesicht: »Ein Kamel, Herr Pfarrer!«

Von fünf brennenden Kerzen werden zwei ausgeblasen. Wie viele bleiben übrig?

Die zwei, die ausgeblasen wurden, denn die anderen brennen ab.

Der Pfarrer fragt die Kommunionkinder: »Wird bei euch in der Familie vor dem Essen gebetet?« Alle bejahen, außer Elias: »Nein, bei uns nicht. Unsere Mutter kocht ausgezeichnet!«

Noah wurde schon zum dritten Mal in der U-Bahn ohne Fahrschein erwischt.

»Von einem meiner Erstkommunikanten würde ich so etwas nicht erwarten!«, knöpft sich der Pfarrer den Jungen vor.

Doch Noah hat eine Begründung parat: »Ich will doch nur sparen, Herr Pfarrer. Haben Sie nicht selbst in Ihrer letzten Predigt gesagt, dass wir nicht so viel Geld ausgeben sollen?«

Der Pfarrer ist doch recht überrascht, als ihm Kommunionkind Tom berichtet, dass er auch einmal Pfarrer werden wolle.

»Ja, hast du denn auch einen starken Glauben?«, fragt er zweifelnd den Jungen.

»Hab ich, hab ich«, kann Tom ihn beruhigen. »Ich glaube alles, ob es wahr ist oder nicht!«

Weil Erstkommunikant Moritz mit allen Leuten streitet und sie mit beleidigenden Ausdrücken bedenkt, redet ihm der Pfarrer ins Gewissen:
»Schau, Moritz, wenn du im Zweifel bist, ob du den Leuten so etwas sagen musst, dann sag es lieber nicht!«
»Wäre möglich«, räumt Moritz ein, »aber ich bin da nie im Zweifel!«

Der Pfarrer möchte den Kommunionkindern das Datum ihres Namenstages sagen.
»Wann bist du denn geboren?«, fragt er die neunjährige Laura.
»Ich bin überhaupt nicht geboren«, antwortet das Mädchen. »Ich habe nämlich eine Stiefmutter.«

Der Pfarrer besucht seinen kranken Erstkommunikanten Nico.
»Du hast drei Bücher in deinem Regal stehen. Sind das deine eigenen?«
»Nein«, gibt der Junge zu, »die meisten habe ich ausgeliehen!«

»Mein Papi verdient im Monat 9000 Euro«,
verrät Erstkommunikant David dem Pfarrer.
»Was? Das bekomme ich ja nicht einmal in *zwei*
Monaten«, erwidert dieser.
Darauf meint der Junge: »Mein Papi arbeitet ja auch
und Sie reden nur!«

»Das Spezialschlankheitsbrot aus eurer
Bäckerei hat mich bisher um kein Gramm leichter gemacht«, sagt der Pfarrer zu seiner Erstkommunikantin Lilly.
»Wahrscheinlich essen Sie zu wenig davon«,
vermutet geschäftstüchtig das Mädchen.

Nach der Besichtigung aller Kirchen in der Stadt
will der Pfarrer seinen Erstkommunikanten noch
eine Eiskugel spendieren. An der Eisbude steht aber
schon eine lange Menschenschlange.
»Kommt, wir gehen weiter«, sagt der Pfarrer, »es
lohnt sich nicht, wegen einer Eiskugel 20 Minuten
anzustehen.«
Doch Nils weiß Rat: »Herr Pfarrer, kaufen Sie doch
jedem zwei Kugeln, dann lohnt sich das Anstehen
allemal!«

»Simon«, sagt der Pfarrer missbilligend zu seinem Erstkommunikanten. »Du hast dir wieder nicht das Gesicht gewaschen! Man sieht es noch ganz deutlich, dass du heute Morgen ein Ei gegessen hast.«
Da strahlt der Junge übers ganze Gesicht:
»Reingefallen, Herr Pfarrer, das war vorgestern!«

Die Kommunionkinder dürfen dem Pfarrer einige ganz persönliche Fragen stellen.
»Ist es Ihnen auch schon mal passiert, dass Sie in der Predigt plötzlich nicht mehr weitergewusst haben?«, möchte einer wissen.
»Oh, das geht mir sogar öfter so«, bestätigt der Pfarrer. »Ich predige dann einfach so lange weiter, bis mir wieder etwas einfällt.«

Der Pfarrer hat Erstkommunikant Fabian zu sich rufen lassen und macht ihm Vorhaltungen.
»Wie konntest du dich unterstehen, der alten Dame, die dir fürs Einkaufen ein Stück Kuchen geschenkt hat, einen Stein ins Fenster zu werfen?«
»Das war kein Stein, Herr Pfarrer«, wehrt sich Fabian, »das war der Kuchen!«

Der Pfarrer wird von Erstkommunikantin Sarah schon an der Gartentür freudig empfangen: »Guten Tag, Herr Pfarrer! Sie sind ja schon angemeldet. Mein Papa hat erst gestern noch gesagt, Sie hätten uns gerade noch gefehlt!«

»Was ist dein Vater?«, fragt der Pfarrer seinen Erstkommunikanten Erik.
»Er ist erkältet.«
»Ich meine: Was tut er?«
»Er hustet und niest.«
»Verstehst du nicht: Wovon lebt er?«
»Nur von Haferbrei und Pfefferminztee.«

Erstkommunikant Colin machte in seinem Schlafzimmer das Licht aus und war trotzdem in der Lage, ins Bett zu steigen, bevor es im Raum dunkel war. Sein Bett steht ungefähr vier Meter vom Lichtschalter an der Wand entfernt. Wie schaffte Colin das?

Colin ging tagsüber zu Bett.

Erstkommunikant Alexander ist ein begeisterter Autogrammjäger.
»Was denn?! Auf diesen Fetzen soll ich mein Autogramm schreiben?«, empört sich der Pfarrer.
»Regen Sie sich bitte nicht auf! Ich schreibe alle Autogramme zu Hause sowieso noch mal ins Reine!«

Der Pfarrer tadelt die sehr lebhafte und vorlaute Erstkommunikantin Emily: »Ach, ich fürchte, wenn wir beide einmal gestorben sind, werde ich dich im Himmel nicht wiedersehen.«
Erstaunt entgegnet darauf Emily: »Wieso nicht, Herr Pfarrer? Was haben Sie denn für schlimme Sachen angestellt?«

»Stimmt das, Herr Pfarrer, dass Sie nicht verheiratet sind?«, will Erstkommunikantin Sarah vom Pfarrer wissen.
»Ja, das stimmt, Sarah, ich habe keine Frau.«
Da staunt das Mädchen und meint: »Aber wer sagt Ihnen denn dann immer, was Sie tun sollen?«

Drei Männer fallen ins Wasser. Nur einer kommt mit nassen Haaren wieder heraus. Warum?

Die beiden anderen haben eine Glatze.

Der Pfarrer fragt die Erstkommunionkinder:
»Wie kann man anderen etwas Gutes tun?«
Daraufhin antwortet ihm Jakob: »Ich helfe meiner
Mutter beim Aufräumen meines Zimmers, denn
alleine wäre das zu viel für sie!«

Was ist der Unterschied zwischen
einem Knochen und der Schule?

Der Knochen ist für den Hund, die Schule für die Katz.

»**Was will denn** Ihr Sohn einmal werden?«,
fragt der Pfarrer die Mutter von Erstkommunikant Leon.
»Arzt«, antwortet die Mutter stolz. »Die Zeit-
schriften fürs Wartezimmer hat er schon bei-
sammen!«

Der Pfarrer spritzt seinen Kleinwagen mit dem
Schlauch ab.
Erstkommunikant Fynn stellt sich zu ihm und meint
nach einer Weile: »Herr Pfarrer, den können Sie
gießen, so viel Sie wollen – der wächst sowieso nicht
mehr!«

»Macht ihr in diesem Jahr eure Ferien-
reise wieder an die Ostsee?«, erkundigt sich
der Pfarrer.
»Nein«, erklärt Erstkommunikant Lukas, »mein
Vater hat gesagt, daheim regnet es billiger!«

Vor Beginn des Kommunionunterrichts
fragt der Pfarrer Nele, wann sie geboren sei.
»Am 2. Juni.«
»Ich auch!«, sagt der Pfarrer.
Darauf meint Nele: »Haben Sie denn auch am
31. März Namenstag?«

> Daniel braucht vier Minuten, um vier Eier zu
> kochen. Wie viele Minuten braucht er, um
> zehn Eier zu kochen? Ebenfalls vier.

Mitleidig fragt der Pfarrer seinen Erstkommunikanten: »Nun, Felix, hast du die Masern
auch so schlimm gehabt wie dein Bruder?«
»Bei mir war es viel schlimmer«, ereifert sich
Felix, »denn ich hatte sie in den Ferien!«

Der Pfarrer hat eine Wetterstation im Zimmer hängen. Erstkommunikantin Lena, die gerade anwesend ist, bestaunt sie gebührend und fragt dann ehrfurchtsvoll:
»Herr Pfarrer, und wo muss man denn drehen, wenn man schönes Wetter haben will?«

Der Pfarrer hat seinen 50. Geburtstag gefeiert und am Nachmittag die Kommunionkinder zur Geburtstagstorte eingeladen – eine begeistert aufgenommene Überraschung.
»Hoffentlich warst du auch bescheiden und hast nicht mehrere Male Torte verlangt«, meint daheim die Mutter zu Tim.
»Nein«, erzählt darauf Tim, »ich hab gleich beim ersten Mal fünf Stücke genommen!«

Die Kommunionkinder sind beim Pfarrer zum Essen eingeladen.
Julian stochert wie besessen auf seinem Teller herum. Besorgt fragt ihn die Haushälterin: »Was machst du denn da?«
Darauf Julian: »Ich bin auf Schnitzeljagd!«

Welches Autorad dreht sich in einer starken Linkskurve am wenigsten?

Das Reserverad.

Der Pfarrer vermutet, dass die

Kommunionkinder in seinem Garten einen Teil der reifen Kirschen gestohlen haben. Darum stellt er unter dem Baum ein Schild auf, auf dem steht: »Gott sieht alles!«
Tags darauf sieht er, wie jemand auf das Schild gekritzelt hat: »Aber er petzt nicht!«

Der Pfarrer schimpft mit seinem

Erstkommunikanten: »Elias, was hast du da oben in meinem Apfelbaum zu suchen?«
Darauf meint Elias: »Ein Apfel war heruntergefallen, Herr Pfarrer, da wollte ich ihn wieder dranhängen!«

Was wünscht sich der Zufriedene,
besitzt der Arme,
benötigt der Reiche,
verschenkt der Geizige,
spart der Verschwenderische
und nimmt jeder mit ins Grab?

Nichts.

Witziges aus der Kommunion- runde

»Was müsst ihr tun, damit euch eure Sünden
vergeben werden?«, fragt der Pfarrer in der
Kommunionrunde.
»Erst einmal sündigen«, weiß Ben Bescheid.

Ein Lehrer, seine Schwester, ein Buchhändler
und dessen Frau finden vier Ostereier. Jeder
nimmt sich ein Ei und es bleibt dennoch
eines übrig. Wie ist das möglich?

Die Schwester des Lehrers ist die Frau des Buchhändlers.

Der Pfarrer sagt zu Philipp: »Die anderen
Mädchen und Jungen in der Kommuniongruppe
sagen mir immer, dass du schlechte Witze über mich
machst!«
Erstaunt erwidert Philipp: »Das stimmt doch gar
nicht, Herr Pfarrer! Mir sagen die anderen immer,
dass meine Witze über Sie gut sind!«

»Was ist eine Gotteslästerung?«, will der
Pfarrer von den Kommunionkindern wissen.
Da weiß Elias ein gutes Beispiel: »Wenn man zu
einem Menschen ›Grüß Gott‹ sagt und dabei denkt:
›Hol dich der Teufel!‹«

»**Wisst ihr,** was man unter einer ›lässlichen Sünde‹ versteht?«, fragt der Pfarrer die Kommunionkinder. Da weiß Clara Bescheid: »Das ist eine Sünde, die man auch lassen könnte!«

Vor dem Kommunionunterricht blödeln die

Kinder gerade ein wenig herum.
»Ich hab eine prima Idee, wie man ganz schnell reich werden könnte«, erklärt Yannick. »Man müsste mitten in der Wüste eine Gaststätte errichten.«
»Aber da kommt doch kaum einer!«
»Aber wenn welche kommen, was meint ihr, was die für einen Durst haben!«

»Kannst du uns vielleicht einmal ein Foto von deinen Zwillingsbrüdern mitbringen?«, schlägt der Pfarrer vor.

Marie verspricht es und bringt zur nächsten Kommunionstunde eines mit.

»Aber da ist ja nur einer drauf!«, ist der Pfarrer enttäuscht.

»Aber der andere sieht genauso aus!«, versichert Marie.

Noah kommt zu spät und voller Dreck in den Kommunionunterricht.

»Wo hast du dich denn so schmutzig gemacht?«, fragt ihn der Pfarrer voller Entsetzen.

»Ich bin ins Gras gefallen.«

»Aber so sieht doch kein Gras aus!«

»Es war ja auch Gras, das die Kuh schon gefressen hatte«, klärt Noah den Sachverhalt auf.

Moritz kommt in den Erstkommunionunterricht und erzählt: »Ich bin vorhin von einer sechs Meter hohen Leiter heruntergefallen.«

»Da hast du aber Glück gehabt«, sagt der Pfarrer, »du hättest dir leicht das Genick brechen können.«

»Ich bin ja nur von der zweiten Sprosse heruntergefallen«, erklärt Moritz.

»Ich bin am 20. Juli 1949 geboren worden«, sagt der Pfarrer den Kommunionkindern.
Dieses Datum hat Jens sehr beeindruckt. Um ganz sicher zu sein, fragt er vorsichtshalber noch einmal nach: »Hm. 1949! Vor oder nach Christi Geburt?«

»Nun, Jakob«, fragt der Pfarrer in der Kommunionrunde, »hast du auch eine gute Tat getan, wie ich es euch in der letzten Stunde geraten hatte?«
»O ja, das hab ich, Herr Pfarrer«, erwidert Jakob strahlend. »Ich habe unseren Hund auf einen Mann gehetzt, der zum Bahnhof ging.«
»So, und das nennst du eine gute Tat?«, fragt der Pfarrer tadelnd.
»Jawohl, Herr Pfarrer«, beteuert Jakob, »so hat er seinen Zug noch erreicht.«

Nick und Jakob, zwei Kommunionfreunde, gehen zu Fuß nach Hampelbach.
Auf der Straße dorthin begegnet ihnen eine alte Frau, die drei Dackel an der Leine führt. Jeder der Dackel hat sechs Flöhe. Wie viele Beine gehen nach Hampelbach?

Nur die vier Beine von Nick und Jakob, alle anderen kommen ihnen entgegen.

Erik und Sophia unterhalten sich beim Treff der Kommunionkinder.

»Warum habt ihr denn deine Schwester überredet, Trompete zu lernen und nicht Klavier?«, fragt Sophia.

»Ganz einfach! Wenn sie Trompete spielt, kann sie nicht auch noch singen!«

Womit hört die Nacht auf und beginnt der Tag?

Mit dem Buchstaben »t«.

In der Kommunionstunde geht es besonders lebhaft zu. In der Hitze des Gefechts ruft Fabian: »Die Hälfte von euch sind dämliche Schafsköpfe!« Die anderen sind erbost, und auf Anordnung des Pfarrers muss Fabian seine Äußerung in der nächsten Stunde widerrufen.

Fabian tut es mit folgenden Worten: »Also, die Hälfte von euch sind keine dämlichen Schafsköpfe!«

»Stimmt es, dass man Pech hat, wenn einem eine schwarze Katze über den Weg läuft?«, will Leni in der Kommunionrunde vom Pfarrer wissen.

»Ganz sicher«, antwortet dieser, »aber nur, wenn man eine Maus ist.«

»Warum ist dein Zwillingsbruder heute nicht
zum Erstkommunionunterricht mitgekommen?«, will
der Pfarrer von Simon wissen.

»Er liegt im Krankenhaus«, erwidert Simon. »Wir
hatten eine Wette gemacht, wer sich am weitesten
aus dem Fenster im zweiten Stock hinausbeugen
kann – und er hat gewonnen.«

Der Pfarrer kommt gerade dazu, als sich
Florian und Nils vor dem Kommunionunterricht
heftig miteinander prügeln. Er hält den beiden eine
Standpauke und sagt: »Wisst ihr nicht, dass man
seine Feinde lieben soll?«

»Aber, Herr Pfarrer«, sagt darauf Florian, »wir sind
doch nicht Feinde, sondern Freunde!«

»Nimm sofort deinen Kaugummi aus dem
Mund und wirf ihn weg!«, sagt der Pfarrer im
Erstkommunionunterricht zu David.

»Das kann ich nicht«, antwortet David, »den hab ich
nur kurzfristig von Moritz ausgeliehen!«

Welches Brot kann man nicht
zum Frühstück essen?

Das Abendbrot.

»Worin besteht der Unterschied zwischen einer Todsünde und einer lässlichen Sünde?«, will der Pfarrer von den Kommunionkindern wissen.
Elias sagt es auf seine Art: »Bei einer Todsünde haut der Heilige Geist gleich ab – bei einer lässlichen Sünde haut er zwar nicht ab, aber stinken tut's ihm schon.«

Welches Tier frisst am wenigsten?

Die Motte frisst nur Löcher.

David gehört nicht zu den Schnellen im Kreis der Kommunionkinder.
»Junge, Junge«, sagt der Pfarrer, »du gehst langsam, du arbeitest langsam, du denkst langsam und du sprichst langsam. Gibt es denn gar nichts, was bei dir schnell geht?«
»Doch, Herr Pfarrer«, erwidert David, »ich werde schnell müde!«

»Wer kann mir sagen«, fragt der Pfarrer die Kommunionkinder, »was das Gegenteil von einer lässlichen Sünde ist?«
Lina scheint es zu wissen und meint: »Die unerlässliche Sünde, Herr Pfarrer!«

Ausnahmsweise hat sich der Pfarrer verspätet. Schon von Weitem hört er den Lärm der Erstkommunikanten. Er stürmt in den Jugendraum, greift sich Yannik heraus und ruft erregt: »Yannik, du bist der größte Lümmel in der Gruppe, wenn ich nicht da bin!«

Als der langhaarige Ben zum ersten Mal in den Kommunionunterricht kommt, fragt ihn der Pfarrer: »Bist du ein Junge oder ein Mädchen?« »Ich bin ein Junge«, verrät Ben, »aber es hat mich damals keiner gefragt, ob ich das vielleicht selber entscheiden möchte.«

In einem Glas im Labor befinden sich Bakterien. Sie verdoppeln sich im Laufe eines Tages. Nach zehn Tagen ist das Glas zur Hälfte gefüllt. Nach wie viel Tagen ist das Glas voll?

Nach elf Tagen.

»Warum nimmt man die Kopfbedeckung ab, wenn man auf der Straße einem Leichenzug begegnet?«, fragt der Pfarrer die Kommunionkinder. »Es könnte ja sein«, glaubt Paul die Antwort zu wissen, »dass im Sarg ein Pfarrer liegt.«

37

Im Kommunionunterricht soll der Pfarrer einmal erzählen, was ihm aus seinem eigenen Leben – als er so alt war wie die Kommunionkinder – noch ganz besonders in Erinnerung geblieben ist.

Da muss der Pfarrer lachen und erzählt: »Nun, da habe ich zum Beispiel noch ganz besonders in Erinnerung, wie mir der Zahnarzt einmal einen falschen Zahn gezogen hat ...«

»Was«, entfährt es Max, »als Junge hatten Sie auch schon falsche Zähne?!«

»Wer weiß, was man unter ›Gewissen‹ versteht?«, fragt der Pfarrer die Kommunionkinder.

Luis glaubt das erklären zu können: »Das Gewissen ist eine innere Stimme, die einen rechtzeitig warnt, dass man sich nicht erwischen lassen darf.«

Jonas kommt mit einem Verband um den Kopf in den Kommunionunterricht.

»Was hast du denn?«, wird er von den anderen gefragt.

»Mich hat eine Biene ins Ohr gestochen.«

»Aber deshalb brauchst du dir doch nicht gleich den ganzen Kopf zu verbinden.«

»Doch – mein Bruder hat die Biene mit einer Schaufel erschlagen.«

Felix ist mit dem Fahrrad zum Kommunionunterricht unterwegs.
»Weshalb steckst du die Hand links raus, wenn du
rechts abbiegen willst?«, stoppt ihn der Polizist an
einer Kreuzung.
»Weil ich Linkshänder bin, Herr Wachtmeister!«,
erklärt Felix.

»**Warum habt ihr denn** euer gelbes Auto
schwarz spritzen lassen?«, wird Finn in der
Kommuniongruppe gefragt.
»Die Leute haben immer ihre Post eingeworfen«,
antwortet der Junge zum Gelächter seiner
Kameraden.

»**Bei jedem Sakrament** sind äußerlich sichtbare
Zeichen notwendig«, erklärt der Pfarrer den
Kommunionkindern. »Wer kann mir das sichtbare
Zeichen bei der Spendung der Taufe sagen?«
»Das Kind«, sagt Maja.

Was ist der Unterschied zwischen einem
Postboten und einem Teppich?

Der Postbote muss morgens aufstehen, der Teppich kann liegen bleiben.

»Amelie, warum kommst du heute zu spät zum Kommunionunterricht?«, fragt der Pfarrer.

»An der Haltestelle hat ein Mann fünf Euro verloren«, erklärt das Mädchen, »und ich habe ihm suchen geholfen.«

»Mit Erfolg?«, will der Pfarrer wissen.

»Leider nein«, gibt Amelie zur Antwort, »er hat den Schein selbst gefunden!«

Kurz vor dem feierlichen Erstkommuniongottesdienst am Weißen Sonntag gibt der Pfarrer den Jungen und Mädchen noch eine letzte Anweisung: »Alle Kommunionkinder versammeln sich vor der Kirche hinter der Kirche und nach der Kirche vor der Kirche!«

Ich rede ohne Zunge,
ich schreie ohne Lunge,
ich habe auch kein Herz
und nehm doch teil an Freud
und Schmerz.

Die Glocke.

Heiteres aus Bibel und Kirchenjahr

Eindrucksvoll erzählt der Pfarrer den Erstkommunikanten, wie Jesus einmal Brote und Fische vermehrte und damit fünftausend Menschen satt machte.
Leon, Sohn eines Gastwirts, ist dennoch nicht ganz zufrieden: »Aber etwas zum Trinken hätte er den Leuten auch anbieten können!«

»**Was will das Wort besagen,** dass der Mensch nicht vom Brot allein lebt?«, fragt der Pfarrer die Kommunionkinder.
David weiß es und antwortet: »Es soll besagen, dass auch noch Butter und Wurst dazugehören.«

»**Warum erzählt** die Schöpfungsgeschichte, dass Gott die Welt in sechs Tagen erschaffen hat?«, fragt der Pfarrer im Religionsunterricht.
Erstkommunikant Jonas hat da seine Vermutung: »Weil es damals noch keine Gewerkschaft und keine Fünf-Tage-Woche gab!«

Wo kommt Silvester schon vor Weihnachten?

Nur im Wörterbuch.

»Wie viele Brüder hatte Jakob?«, fragt die
Religionslehrerin in der Schule.
Erstkommunikantin Emma kennt sich aus: »Jakob
hatte zwei Brüder. Der eine war Esau und der andere
war er selber.«

Wie endet die Ewigkeit?

Ist doch klar, mit »t«.

Erstkommunikant Paul fragt seinen Vater:
»Papa, kannst du mir sagen, wer Hamlet war?«
»Natürlich kann ich das«, erwidert dieser, »aber du
sollst ja etwas lernen. Darum hol dir die Bibel aus
dem Bücherschrank und sieh selbst nach!«

Der Pfarrer fragt die Kommunionkinder:
»Warum hat der liebe Gott wohl zuerst den Adam
und dann erst die Eva geschaffen?«
Hannah weiß darauf die Antwort: »Es ist wie beim
Aufsatz. Erst schreibe ich das Konzept und dann das
Original.«

Der Pfarrer erklärt den Kommunionkindern das Wort Jesu: »Eher geht ein Kamel durch das Nadelöhr als ein Reicher in den Himmel.«

Darauf sagt er zu den Kindern: »Wer hat schon einmal ein echtes Kamel gesehen? Ich bin 1,92 Meter groß – ist es größer als ich?«

»Nein, Herr Pfarrer«, meint Laura. »Ich glaube nicht, dass es so große Kamele wie Sie gibt!«

In der Reli-Stunde prüft der Pfarrer die Klasse:
»Gegen welches der Zehn Gebote hat sich Adam
versündigt, als er im Paradies den Apfel aß?«
»Gegen gar keines«, ruft Erstkommunikant Louis.
»Wieso denn das?«, fragt der Pfarrer.
»Weil es damals noch gar keine Zehn Gebote
gegeben hat«, klärt der schlaue Louis den Pfarrer
auf.

Der Pfarrer will den Kommunionkindern das
biblische Bild vom Guten Hirten vermitteln und fragt:
»Wenn ihr alle meine Schäfchen seid, was bin ich
dann?«
Die forsche Lena weiß darauf die Antwort: »Der
Leithammel, Herr Pfarrer!«

Zur Vorbereitung auf die erste heilige Beichte
müssen die Kommunionkinder die Zehn Gebote
auswendig lernen. Der Pfarrer vergewissert sich in
der nächsten Stunde, ob die Kinder ihre Hausaufgabe
gemacht haben.
Elias, neun Jahre alt, verheddert sich beim Aufsagen
und wirft das achte und neunte Gebot durcheinander.
Mit heller Stimme schmettert er dem Pfarrer
entgegen: »Du sollst dir kein falsches Weib nehmen!«

Im Religionsunterricht wird die Geschichte von König Davids ungehorsamem Sohn Abschalom erzählt, der mit seinen langen Haaren in den Zweigen eines Baumes hängen blieb und dann von den Soldaten getötet wurde.

»Und was sollen wir aus dieser Geschichte lernen?«, will der Pfarrer abschließend wissen.

Erstkommunikant Tom weiß die Antwort: »Dass wir rechtzeitig zum Friseur gehen sollen!«

Wieso heißt der Eisbär Eisbär?

Wenn er rot wäre, würde er Himbär heißen.

Der Pfarrer trifft den Vater von Erstkommunikant Alexander und berichtet ihm, wie wenig sein Sohn im Religionsunterricht weiß.

»Stellen Sie sich vor, ich habe gefragt, wer die vier Evangelisten sind. Und Ihr Sohn hat geantwortet: Josef und Daniel ...!«

Darauf erwidert der Vater: »Seien Sie doch froh, dass er wenigstens zwei gewusst hat!«

Im Religionsunterricht wird über die Bibel gesprochen. Der Pfarrer fragt die Klasse: »Wisst ihr auch, was die Bibel enthält?«
Erstkommunikantin Mia scheint Bescheid zu wissen und meint: »Ja, das weiß ich. Die Bibel, die wir zu Hause haben, enthält das Foto von der Hochzeit meiner Schwester, das Rezept für die Schönheitscreme von meiner Mutter und den Garantieschein für die Uhr von meinem Papa!«

Am Fest Peter und Paul (29. Juni) möchte der Pfarrer der Kommunionrunde den Aufbau der kirchlichen Hierarchie (Rangordnung) erklären. Während des Gesprächs fragt er die Kinder: »Wer bildet die Spitze unserer heiligen Kirche?«
Maximilian antwortet: »Der Hahn auf dem Kirchturm!«

Herr Wagner besitzt einen Garten. Im Garten hat er ein Tulpenbeet, das in voller Blütenpracht steht. Inmitten der Blumen steht ein großer Apfelbaum. Wie bekommt Herr Wagner die Äpfel aus dem Beet heraus, ohne dass er eine Tulpe zertritt?

So etwas kann gar nicht passieren. Wenn die Tulpen im Frühjahr blühen, sind die Äpfel noch nicht reif.

Am Ende des Gottesdienstes erinnert der Pfarrer die Kommunionkinder an den kommenden Aschermittwoch:

»Also, Kinder, am nächsten Mittwoch sehen wir uns alle hier um 17 Uhr wieder. Aus welchem Grunde wohl, Lilly?«

»Da werden wir alle eingeäschert!«

Erstkommunikant Tim soll im Deutsch-unterricht zur Hausaufgabenüberprüfung die zweite Strophe eines Gedichtes aufsagen. Er behauptet, er habe nur die erste Strophe auf Seite 27 lernen können, weil die Seite 28 aus dem Buch herausgerissen worden sei. Wieso weiß der Lehrer sofort, dass Tim lügt?

Die rechte Seite eines Buches hat immer eine ungerade Zahl, die linke eine gerade. Darum kann die Seite 28 nicht fehlen, wenn Seite 27 vorhanden ist.

Lustige Familienerlebnisse

Leonie wird für die Erstkommunion festlich gekleidet. Bruder Jonas, fünf Jahre alt, scheint traurig zu sein.

Die Mutter tröstet ihn: »Wenn du später zur ersten Kommunion gehst, bekommst du einen schicken Anzug und eine Fliege.«

Darauf meint Jonas weinerlich: »Ich will aber keine Fliege, ich will lieber ein Kaninchen!«

»Mutti, warum hat der Pfarrer überhaupt keine Haare auf dem Kopf?«, will Erstkommunikant Luca wissen.

»Weil er so viel denkt, mein Sohn«, gibt die Mutter zur Antwort.

Da wird Luca nachdenklich und meint: »Und warum hast du so viele Haare auf dem Kopf, Mutti?«

»Warst du auch dabei, als man dem Pfarrer die schönen Äpfel gestohlen hat?«, nimmt sich der Vater seinen Sprössling vor.

»Nein, ich war dafür noch nicht groß genug«, erklärt Finn, »aber nächstes Jahr, wenn ich zur Erstkommunion komme, bin ich bestimmt dabei!«

»Papa«, fragt Erstkommunikant Niklas den Vater,
»kannst du dir eigentlich gut Gesichter merken?«
»Ja, ich glaube schon.«
»Dann ist es gut. Mir ist nämlich dein Rasierspiegel
runtergefallen!«

Erstkommunikantin Anna besucht mit
ihren Eltern die Vatikanischen Museen. Vor einem
marmornen Torso bleibt die Familie stehen und
betrachtet die Figur ohne Arme und Beine.
Auf einem Täfelchen unterhalb der Figur findet Anna
den Titel: »Der Sieger«.
»Mein Gott«, entfährt es ihr, »wie muss da erst der
Verlierer aussehen!«

»Dein Zeugnis gefällt mir überhaupt nicht«,
nörgelt die Mutter.
»Mir auch nicht«, räumt Erstkommunikantin Neele
ein. »Daran kann man sehen, dass wir beide den
gleichen Geschmack haben!«

Woran erkennt man einen
freundlichen Motorradfahrer?

An den Fliegen zwischen den Zähnen.

Lara sucht sich mit ihrer Mutter im Laden ein schönes Erstkommunionkleid aus.

»Das steht dir wirklich gut«, sagt die Verkäuferin freundlich. »Sollen wir noch etwas dran ändern?«

»Ja, den Preis bitte!«, schlagen Mutter und Tochter gemeinsam vor.

Das neugeborene Brüderchen stört Erstkommunikantin Lea durch sein dauerndes Schreien bei den Schularbeiten.

Die Mutter sucht Lea zu besänftigen. Sie weist darauf hin, dass das Baby ein Geschenk des lieben Gottes sei, das uns anvertraut ist.

»Ein Geschenk vom lieben Gott?«, erwidert Lea. »Ich kann mir denken, dass der liebe Gott den Schreihals ganz gern weggeschenkt hat, um seine Ruhe zu haben.«

Erstkommunikant Nico kommt von seiner ersten Beichte nach Hause zurück.

»Und hast du auch gebeichtet, wie du mir gestern nicht gefolgt bist?«, fragt die Mutter.

»Nein«, gesteht der Junge, »dafür hast du mir ja gestern schon eine runtergehauen!«

»**Was bin ich** dir eigentlich wert?«, will Erstkommunikant Tom von seinem Vater wissen.
»Mindestens eine Million!«
»Fein! Könntest du mir darauf schon mal 20 Euro Vorschuss geben?«

Wer hat 21 Augen und sieht doch nichts?

Ein Würfel.

Erstkommunikantin Emma ist sauer auf den Vater. Wutentbrannt zieht sie sich auf ihr Zimmer zurück.
Als sie unterwegs der Mutter begegnet, ruft sie ihr zornig zu: »War das wirklich der einzige Mann, den du bekommen konntest?«

Erstkommunikantin Julia telefoniert im Nebenzimmer mit ihrer besten Freundin. Das hört und hört nicht auf. Die Mutter ist schon ganz ungeduldig und schickt Julias Bruder Ben zum Nachschauen.
Der kommt bald zurück und meint: »Die ist noch lange nicht fertig. Sie hat gerade erst das Ohr gewechselt!«

Lena hat zur Erstkommunion ein neues
Fahrrad geschenkt bekommen.

An einem sonnigen Nachmittag macht sie mit ihrem Vater eine Fahrradtour. Sie fahren mit ihren Rädern eine abschüssige Straße hinunter, da passiert es: Dem Vater läuft ein Fußgänger vors Rad.

Als sich dieser mit Mühe wieder hochgerappelt hat, meint Lena zu dem – Gott sei Dank – unverletzt gebliebenen Mann: »Da haben Sie aber großes Glück gehabt! Mein Vater fährt sonst immer einen Lastwagen.«

Erstkommunikant Yannik sitzt abends allein im
Kino. Eine Frau neben ihm fragt ihn: »So jung und schon allein im Kino? Wo hast du denn deine Karte her?«

»Von meiner Schwester«, antwortet dieser.

»Und wo ist deine Schwester?«

»Zu Hause, sie sucht ihre Karte!«

In welchem Monat fressen die Kühe am wenigstens?

Im Februar, weil er die wenigsten Tage hat.

Das Fest der Erstkommunion steht bevor. Alexander bekommt erstmals im Leben einen schicken Anzug.

»Nun schaust du schon wie ein Mann aus«, meint lächelnd die Mutter.

»Und darf ich jetzt zu Vater Thomas sagen?«, will der Junge noch wissen.

»Wem aus eurer Familie siehst du eigentlich ähnlich?«, erkundigt sich der Pfarrer freundlich bei Erstkommunikant Fabian.

Der Junge kennt sich da aus und antwortet: »Im Gesicht der Mutter und dem Vater – und hinten der ganzen Verwandtschaft.«

»Hör mal, mein Sohn!«, zitiert die Mutter ihren Erstkommunikanten Simon zu sich. »Ich hatte für heute zwei Stück Erdbeerkuchen in die Speisekammer zurückgestellt. Jetzt finde ich nur noch ein Stück. Wie kommt das?«

»Ich habe das andere Stück im Dunkeln nicht gesehen«, ist Simon um eine Erklärung nicht verlegen.

»Was, du hast die ganze Tüte Erdnüsse
im Kino gegessen?«, fragt die Mutter ihren
Erstkommunikanten Tim. »Wo hast du denn alle
die Schalen gelassen? Doch nicht etwa auf den
Fußboden geworfen?«
»Nein, Mutti«, erklärt Tim, »die habe ich alle dem,
der neben mir saß, in die Manteltasche gesteckt!«

»Timo, ich höre, ihr habt Zwillinge bekommen«,
sagt der Pfarrer zu einem seiner Erstkommunikanten.
»Wie heißen sie denn?«
»Ich glaube Donner und Doria, Herr Pfarrer. Das
sagte wenigstens mein Vater, als er es erfuhr.«

Die Geschwister Felix und Johanna

wollen gemeinsam zum Gottesdienst für die
Kommunionkinder gehen.
»Zum letzten Mal frage ich dich«, brüllt Felix vor
Johannas Schlafzimmertür, »bist du jetzt endlich
fertig?«
»Schrei doch nicht so«, gibt Johanna zurück, »sage
ich dir nicht schon seit einer Stunde, dass ich in einer
Minute fertig bin?«

David hat nach der Kommunionstunde irgendwo seinen Regenschirm stehen lassen.

»Wann hast du denn deinen Regenschirm vermisst?«, erkundigt sich die Mutter.

»Das war«, antwortet David nach scharfem Nachdenken, »als ich ihn zumachen wollte, weil es zu regnen aufhörte!«

»Arbeite doch weniger«, sagt

Erstkommunikant Noah zu seinem Vater.
»Aber warum denn?«
»Dann haben wir nicht mehr so viel Geld für meinen Klavierunterricht!«

»Mami, seit wie vielen Generationen war die

wertvolle Chinavase in unserer Familie?«, fragt
Erstkommunikant Jonas seine Mutter.
»Seit vier Generationen, mein Liebling. Aber, warum sagst du, sie war? Sie ist, mein Sohn!«
»Nein, das stimmt leider nicht mehr, Mami. Die vierte Generation hat sie soeben von der Kommode fallen lassen!«

Sissi und Susanne sind Schwestern und sehen einander sehr ähnlich. Beide sind im selben Jahr geboren und haben am selben Tag Geburtstag. Dennoch sind sie keine Zwillinge. Warum nicht?

Sie haben noch eine Schwester, die im selben Jahr und am selben Tag wie sie geboren wurde. Sie sind also Drillinge.

Von Großeltern und anderen Verwandten

Die Großmutter hat plötzlich einen sehr gefährlichen Herzanfall bekommen. Erstkommunikant Tim wird geschickt, um rasch den Pfarrer herbeizubitten.

»Herr Pfarrer, Sie sollen mal zu meiner Oma kommen!«, ruft der Junge an der Pfarrhaustür.

»Was soll ich denn da?«, fragt der Pfarrer zurück.

»Ich glaube, sie will den letzten Ölwechsel«, erklärt Tim.

»Vielen Dank, liebe Oma, für deinen Brief zu meiner Erstkommunion«, schreibt Luis seiner Großmutter. »Du hast mir zehn Euro und tausend Küsse geschickt. Es wäre sehr nett von dir, wenn du es nächstes Mal umgekehrt machen würdest!«

Die Tante kommt nach längerer Zeit wieder zu Besuch.

»Na«, fragt sie die Kinder, »kennt ihr mich noch?«

»Na, klar«, antwortet Erstkommunikant Max, »du hast uns doch schon beim letzten Mal nichts mitgebracht!«

Der Opa von Erstkommunikant Elias und der Pfarrer begegnen sich am Fußballplatz.

»Herr Pfarrer, ist das eine Sünde, wenn mein Enkel am Sonntag Fußball spielt?«, will der Opa wissen. Darauf meint der Pfarrer: »Nun, dass er spielt, ist keine Sünde. Aber schauen Sie doch einmal genau hin, wie er spielt – das ist schon mehr als eine Sünde!«

Tom ruft seine Tante an: »Ich danke dir für das Geschenk, das du mir zur Erstkommunion geschickt hast.«

»Ach«, erwidert die Tante, »das ist doch nicht der Rede wert.«

»Der Meinung war ich auch«, sagt Tom, »aber Mami meinte, ich müsste mich trotzdem bei dir bedanken.«

Zwei Väter und zwei Söhne gehen gemeinsam im Wald spazieren. Jeder von ihnen hat ein Müsliriegel dabei; dennoch haben sie insgesamt nur drei Riegel. Wie ist das möglich?

Es sind Großvater, Vater und Sohn. Der Vater ist gleichzeitig der Sohn des Großvaters.

Tim prahlt: »Mein Onkel ist Pfarrer und viele sagen ›Hochwürden‹ zu ihm.«

Darauf Fynn: »Mein Onkel ist Kardinal und alle sagen ›Eminenz‹ zu ihm.«

Aber Paul setzt noch einen drauf: »Mein Opa wiegt 200 Kilogramm. Wenn die Leute ihn sehen, rufen sie ›Großer Gott!‹«

Die Oma sagt zu ihrem Enkel Niklas:

»Du darfst dir zur Erstkommunion ein schönes Buch wünschen.«
Da strahlt Niklas übers ganze Gesicht: »Das ist ganz toll, Omi! Dann wünsche ich mir von dir dein Sparbuch!«

Als Erstkommunikant Paul nach längerer Zeit

wieder einmal zu Besuch kommt, meint die Tante:
»Ich habe dich schon lange nicht mehr gesehen und merke erst jetzt, wie viel Ähnlichkeit du mit mir hast.«
»Das macht nichts, Tante Sandra«, erwidert Paul, »Buben brauchen ja glücklicherweise nicht hübsch zu sein!«

Was ist das älteste Musikinstrument?

Die Ziehharmonika, denn sie hat die meisten Falten.

»Wen magst du lieber – deine Oma oder deine

Tante?«, fragt die Mutter ihre Tochter Sophia.
»Das weiß ich erst, wenn die Erstkommunion vorbei ist«, überlegt das Mädchen.

Erstkommunikant Max aus Bayern verbringt die Ferien bei der vornehmen Verwandtschaft in Hamburg. Als es mittags Brathähnchen gibt, nimmt der Junge das Hähnchen zum Essen ganz unkompliziert in die Hand.

»Bei uns nimmt man die Gabel in die linke Hand und das Messer in die rechte Hand«, belehrt ihn die Tante.

»Ja, und womit nimmt man dann das Hähnchen?«, staunt Max.

»Hattest du damals auch Sexualkunde in der Schule?«, will Erstkommunikant Leon von seinem Onkel wissen.

»Nein, das hat es damals noch nicht gegeben«, gibt dieser zur Antwort.

»Ach so, dann hat es auch keinen Zweck, dass ich dich was frage«, winkt Leon ab.

Was entsteht, wenn sich zwei Tausendfüßler umarmen?

Ein Reißverschluss.

»Du isst die Wurst vom Brot herunter und lässt das Brot einfach liegen«, ärgert sich die Großmutter beim Besuch von Erstkommunikant Felix.
»Aber, Omi, damit helfe ich dir doch sparen«, erklärt der Junge. »Denn jetzt kannst du mir mit dieser Scheibe Brot noch ein zweites Wurstbrot machen!«

Der Apotheker gibt Erstkommunikant Lukas die Tropfen für die alte, kranke Oma mit.
Als der Junge schon fast zur Tür hinaus ist, ruft ihm der Apotheker noch nach: »Vor dem Einnehmen unbedingt kräftig schütteln!«
Darauf entgegnet Lukas zweifelnd: »Ich glaube nicht, dass meine Oma sich das von mir gefallen lässt!«

Erstkommunikantin Anna verbringt ihre Ferien bei Tante und Onkel. Da bekommt sie einen Brief mit Trauerrand.
»O Gott, o Gott«, stöhnt Anna, »jetzt ist meine beste Freundin gestorben, ich erkenne ihre Handschrift.«

»Vorsicht, dass du nicht fällst«, warnt
die Tante, als Erstkommunikant Elias sie besuchen
kommt. »Der Parkettboden im Wohnzimmer ist
frisch gewachst und gebohnert.«
»Kein Problem für mich«, kann Elias sie beruhigen.
»Ich habe heute Spikes an meinen Sportschuhen!«

Simon spielt mit fünf Kommunionfreunden
im Garten. Nach einer Weile bringt
Simons Mutter in einem Korb sechs
Birnen. Für jeden eine.
Ehe die Birnen verteilt werden, kommt
der Vater dazu und stellt den Kindern
eine Frage: »Wie kann jeder von euch eine
Birne bekommen und doch eine im Korb
bleiben? Ihr seid sechs, und sechs Birnen
sind im Korb.«

Einer erhält den Korb – mit einer Birne darin.

Aus der
Reli-Stunde

Der Dekan prüft das Wissen der Kinder im Religionsunterricht mit vielen strengen Fragen. Schließlich fragt er die Klasse: »Kann mir jemand von euch ein Sprichwort nennen?«
Erstkommunikant Fynn hat ein passendes zur Hand: »Ein Narr fragt mehr, als zehn Weise beantworten können!«

»Warum hast du gestern in der Religionsstunde gefehlt?«, will der Pfarrer von Luca wissen.
»Das weiß ich nicht«, erklärt Luca. »Hier ist die Entschuldigung von meiner Mutter. Ich hab sie noch nicht gelesen!«

»So, Kinder, wer sagt mir mal, wie viele Sakramente es gibt?«, fragt der Pfarrer die Kinder im Religionsunterricht.
»Keine mehr«, antwortet Erstkommunikantin Julia.
»Was meinst du damit: keine mehr? Wie kommst du denn darauf?«
»Meine Oma hat gestern das letzte bekommen.«

Mitten in der Reli-Stunde kramt Erstkommunikant Felix sein Butterbrot heraus und beginnt zu essen.

»Bist du verrückt geworden?«, ruft die Lehrerin.
»Du kannst doch nicht mitten in der Stunde dein Brot essen!«
»Aber in der Pause vertrödelt man doch zu viel Zeit damit!«, gibt Felix zu bedenken.

»Tom, deine Reli-Hausaufgabe ist sehr
schlecht. Darüber muss ich dringend mit deinem
Vater reden«, sagt der Pfarrer zu seinem
Erstkommunikanten.
Darauf meint der Junge: »Das könnte nicht schaden,
Herr Pfarrer. Vielleicht nimmt er sich dann das
nächste Mal etwas mehr zusammen!«

Auf welche Frage kann kein
Mensch mit Ja antworten?

Auf die Frage »Schläfst du schon?«

Erstkommunikant Nico betet: »Lieber Gott,
du kannst ja alles. Darum mache Rom zur Hauptstadt
von Frankreich, denn das habe ich heute in meiner
Reli-Arbeit geschrieben!«

»Man muss immer auf die Stimme Gottes
im Gewissen hören«, erklärt der Pfarrer im
Religionsunterricht.
Da meldet sich Erstkommunikantin Marie: »Mein
Papa hat aber gesagt, man soll nie auf das hören,
was andere sagen!«

Erstkommunikant Justin ist ohne
Hausaufgabe zur Reli-Stunde gekommen.
Der Pfarrer ist erbost: »Weißt du, was du jetzt
verdient hast?«
Doch der schlaue Justin lenkt schnell ab: »Herr
Pfarrer, ich bin nicht hier, um etwas zu verdienen,
sondern um zu lernen.«

Im Religionsunterricht wird über das
Sprichwort »Ehrlich währt am längsten« gesprochen.
»Das stimmt«, pflichtet Erstkommunikant Simon
dem Pfarrer bei. »Was ich von meinen Hausaufgaben
bei anderen abschreibe, geht schnell, und was ich
ehrlicherweise selber schreibe, dazu brauche ich am
längsten.«

Herr und Frau Schmid haben
sieben Töchter und jede
Tochter hat einen Bruder. Wie
viele Kinder haben Schmids?

Acht, denn jede Tochter hat zwar einen Bruder,
aber es gibt nur einen Jungen in der Familie.

»Unsere Religionslehrerin hat mich heute in der Schule ein paarmal so komisch angeschaut, als ob ich meine Hausaufgabe nicht gemacht hätte«, berichtet Erstkommunikantin Clara beim Mittagstisch.

»Und was hast du daraufhin getan?«, will die Mutter wissen.

»Ich? Ich hab sie dann immer so angesehen, als ob ich sie gemacht hätte.«

Erstkommunikantin Paula schreibt in ihrer Reliarbeit über die Glockenweihe in der Gemeinde: »Der Herr Bürgermeister und der Herr Pfarrer hielten schöne Reden. Danach wurden sie aufgehängt. Seitdem ist es in unserem Dorf viel gemütlicher.«

Der Religionslehrer diktiert seinen Schülern: »Die Bischöfe sind die rechtmäßigen Nachfolger der Apostel.«

Im Heft von Erstkommunikantin Leni liest es sich dann so: »Die Bischöfe sind die recht mäßigen Nachfolger der Apostel.«

Im Religionsunterricht lässt sich der Lehrer die vielen wunderbaren Heilungen Jesu aufzählen. Die Schüler rufen:

»Die Aussätzigen machte er rein.«

»Die Blinden sehend!«

»Die Gelähmten konnten wieder laufen.«

Eines vermisst der Lehrer noch: »Und was tat er mit den Tauben?«

Das meint Erstkommunikant Simon zu wissen: »Die ließ er fliegen!«

In der Reli-Stunde spricht man über das achte Gebot.

»Warum ist es am besten, die Wahrheit zu sagen?«, fragt der Pfarrer.

Da weiß Erstkommunikant Jan Bescheid: »Weil man dann nicht immer nachdenken muss, was man früher gesagt hat!«

Warum tragen englische Geschäftsleute oft Regenschirme bei sich, auch wenn es noch nicht regnet?

Weil Regenschirme selbst nicht laufen können.

In der Reli-Stunde fragt der Pfarrer die Klasse: »Warum schulden wir dem Priester Ehrfurcht?« Erstkommunikant Fabian ist um eine Antwort nicht verlegen: »Jesus hat einmal gesagt: Was ihr einem meiner Geringsten getan habt, das habt ihr mir getan!«

»Ben ist in der Reli-Stunde ein furchtbarer Streber«, verrät Paul seinem Kommunionfreund Tim. »Wieso?«, fragt dieser zurück. »Er streut dem Pfarrer vor der Stunde Niespulver auf den Tisch, nur um ihm oft Gesundheit wünschen zu können!«

Eine Schnecke kriecht einen zwei Meter hohen Baumstamm hinauf. Tagsüber kommt sie einen Meter vorwärts, nachts rutscht sie einen halben Meter zurück. Wann ist sie oben angelangt?

Die Schnecke ist nach einem Tag und einer Nacht einen halben Meter hochgeklettert. Nach zwei Tagen und zwei Nächten also einen Meter. Am Abend des dritten Tages ist sie oben angelangt.

Tierisch heiter

Annika trifft ihren Kommunionfreund Julius, der seinen Hund Gassi führt.

»Wie heißt er denn?«, will Annika wissen.

»Och, der hat keinen Namen«, antwortet Julius.

»Aber warum denn nicht?«

»Weil er ja doch nicht kommt, wenn ich rufe.«

»Was würdet ihr sagen, wenn ich behaupte, dass ein Elefant sechs Beine hat?«, stellt Celina in der Kommunionrunde eine Scherzfrage.

»So ein Unsinn!«, erwidert Linus.

»Hat er aber!«, behauptet Celina. »Zwei Vorderbeine, zwei Hinterbeine und zwei Elfenbeine!«

»Du hast die kranke Pia besucht«, sagt der Pfarrer zu Erstkommunikantin Jule. »Welche Krankheit hat sie denn?«

»Es muss die Papageienkrankheit sein«, vermutet Jule, »sie redet immerzu Quatsch!«

Der Pfarrer bringt zur nächsten Kommunionrunde seinen Hund mit, der plötzlich zu bellen beginnt.

»Ihr braucht vor dem Hund keine Angst zu haben«, sagt er zu den Kindern. »Ihr kennt doch das bekannte Sprichwort: Hunde, die bellen, beißen nicht.«

»Ja, Herr Pfarrer«, meint darauf Vincent, »natürlich kennen wir das Sprichwort. Aber die Frage ist doch, ob der Hund es auch kennt.«

»**Sagen Sie mal,** das Kaninchen, das Sie mir gestern verkauft haben, ist heute tot umgefallen«, beschwert sich Erstkommunikant Hannes in der Tierhandlung.

»Merkwürdig«, erwidert die Verkäuferin, »das hat es bei uns früher nie getan!«

Auf dem Weg zur Kommunionstunde bemerken Fiona und Chiara einen kleinen Fiat, in dem ein ausgewachsener Bernhardiner sitzt und fast den ganzen Wagen ausfüllt.

Staunend meint Fiona: »Wie ist der große Hund wohl in das kleine Auto hineingekommen?«

Chiara hat da eine Vermutung: »Den haben sie sicher reingetan, als er noch ganz jung war!«

»**Weinst du jetzt,** weil dein Wellensittich gestorben ist?«, will Robins Kommunionfreund wissen.

»Nein«, wirft sich Robin in die Brust, »ich hab noch nicht einmal geweint, als mein Großvater gestorben ist.«

»Das ist ja auch etwas anderes«, stellt der Freund sachlich fest. »Den hast du ja auch nicht von klein auf großgezogen!«

»**Warum habt ihr** euer Haus denn achteckig gebaut?«, fragt Adrians Kommunionfreund.
Adrian verrät es und sagt: »Wegen unseres Schäferhundes. Der liebt die Hausecken!«

Erstkommunikant Nick meldet seinen Hund als entlaufen. Der Polizist fragt nach Aussehen, Größe, Merkmalen usw.
»Es ist ein Schäferhund«, gibt Nick zu Protokoll, »und wenn man Hasso ruft und er kommt nicht, dann ist er's!«

»**Meine Oma will** ihren Papagei umtauschen«, erzählt Nina ihrer Kommunionfreundin.
»Warum denn das?«
»Er erzählt so unanständige Witze.«
»Ja, stört sie denn das?«
»Nein, aber sie kennt schon alle!«

Es hat keine Füße, ist trotzdem ständig unterwegs und liegt dabei auch noch im Bett. Was ist das?   Der Fluss.

»Henri, warum nennst du deinen Dackel eigentlich Schwindler?«, will der Pfarrer von seinem Erstkommunikanten wissen.

»Nur so zum Spaß«, grinst Henri, »denn Sie sollten einmal sehen, wie viele Menschen sich umdrehen, wenn ich auf der Straße meinen Hund rufe!«

Welchen Hang darf man nicht hinaufklettern?

Den Vorhang.

Als der Pfarrer die Eltern seiner Erstkommunikantin Isabel besuchen will, klingelt er respektvoll am Gartentor, weil dort ein Warnschild prangt: »Vorsicht, Hund!«

Als Isabel schließlich öffnet, kommt ein klitzekleines Hündchen mit angetrippelt.

»Was?«, ruft der Pfarrer amüsiert. »Und wegen diesem kleinen Hund macht ihr ein solches Schild an das Tor?«

»Ja«, erklärt Isabel, »damit er nicht versehentlich zertreten wird!«

Erstkommunikant Felix kommt in die

Reitschule und versucht verzweifelt, auf das große Pferd zu steigen, das schon unruhig geworden ist. Schließlich fängt er zu beten an: »Ihr heiligen vierzehn Nothelfer, helft mir doch auf den Gaul!« Dann schwingt er sich so kraftvoll auf das Pferd, dass er auf der anderen Seite wieder hinunterfällt. »Zum Donnerwetter noch mal«, schimpft Felix, »ihr müsst ja nicht alle vierzehn auf einmal helfen!«

Erstkommunikantin Antonia kaut missmutig

am Frühstück herum.
»Was isst du denn da?«, wundert sich ihr Bruder. »Ist das nicht Hundekuchen?«
»Ja, den muss ich leider jetzt immer essen«, berichtet Sonja. »Der Doktor hat mir reichlich tierische Nahrung empfohlen!«

David und Lennart haben 60 Euro, die so geteilt werden sollen, dass David einen Euro mehr erhält als Lennart. Wie viele Euro bekommt jeder?

David erhält 30,50 Euro, Lennart 29,50 Euro.

»Im Zoo haben sie jetzt Halbaffen bekommen!«, sagt der Vater am Familientisch.
»Das ist wieder mal typisch«, erwidert Erstkommunikant Florian, »jetzt reicht das Geld nicht einmal mehr für ganze Tiere!«

Die Gruppe der Kommunionkinder hat im Zeltlager eine Blindschleiche aufgespürt.

Da sagt Jannis: »Wenn ich einen Euro bekomme, lecke ich mal dran.«
Tom gibt ihm den Euro und hält ihm die Blindschleiche vors Gesicht.
»Irrtum, mein Lieber«, grinst Jannis.
»Ich habe den Euro gemeint!«

Erstkommunikant Jakob erzählt seinem Freund Timo stolz: »Unser Struppi ist wirklich klug.

Jeden Morgen bringt er uns die Zeitung.«
»Was ist daran so besonders?«, erwidert Timo.
»Das tun doch viele Hunde.«
»Das kann sein«, meint darauf Jakob. »Aber wir haben gar keine abonniert!«

Der Pfarrer versucht, den Kommunionkindern den Begriff Barmherzigkeit zu erklären.

»Passt mal auf«, sagt er, »wenn ein Fuhrmann im Heiligen Land, von dem ich euch eben erzählt habe, auf einen Esel einschlägt und wenn ich ihn daran hindere, was ist das dann für eine Tugend?«

»Das ist Bruderliebe, Herr Pfarrer!«, weiß Robin.

Nach der Runde sitzen die Kommunionkinder noch ein wenig zusammen und blödeln miteinander.

»Was ist der Unterschied zwischen einem Elefanten und einem Floh?«, fragt Marvin die anderen in der Gruppe.

Keiner weiß es. Da gibt Marvin selbst die Antwort:

»Ein Elefant kann Flöhe haben, aber ...«

Wer weiß am besten, was den Leuten fehlt? Der Dieb.

Die Zungenbrecher-Extraportion:

Es klapperten die Klapperschlangen,
bis ihre Klappern schlapper klangen.

Hinter dichtem Fichtendickicht
picken dicke Finken tüchtig.

Manches Schminkschwämmchen schwimmt
und manches Schminkschwämmchen schwimmt
nicht.

Drei tropfnasse traurige Trogträger tragen
triefende Tröge treppauf und treppab.

Brautkleid bleibt Brautkleid
und Blaukraut bleibt Blaukraut.

Esel essen Nesseln nicht
und Nesseln essen Esel nicht.

Ich kann Schnellsprechsätze schneller sprechen,
als andere Schnellsprechsätze sprechen können.

Kommunion-freunde unter sich

»Ist dir schon aufgefallen, dass du einen schwarzen und einen braunen Schuh anhast?«, fragt Erstkommunikant Aaron seinen Freund Oskar.

»Ja«, antwortet dieser, »und stell dir vor: Zuhause habe ich noch so ein merkwürdiges Paar Schuhe!«

Nach den Sommerferien fragt Till seinen Kommunionfreund Rafael:

»Nun, wie war's in eurem Urlaub in Griechenland?«

»Genau wie hier«, antwortet dieser. »Man saß rum und wartete auf das Mittagessen!«

»Ihr habt wirklich einen tollen Wagen«, sagt Daniel zu Kommunionfreund Robin. »Was hat er denn gekostet?«

»Was heißt: hat gekostet?«, erwidert dieser, »der kostet immer noch!«

Welcher Raum hat keine Fenster und Türen?

Der Weltraum.

Die Kommunionkinder Jan und Ole

unterhalten sich über die Zukunft.
»Ich träume davon, genau wie mein Vater jedes Jahr
eine Million Euro zu verdienen.«
»Was, dein Vater verdient eine Million im Jahr?«
»Nein, er träumt davon.«

Wann mäht man Heu besser:
im Juni oder Juli?

Man mäht Gras.

»Komm doch endlich raus zum Spielen!«, ruft

Erstkommunikantin Lisa zum Fenster der Freundin
hinauf.
»Ich kann jetzt nicht«, ruft diese von oben zurück,
»wenn ich meinen Vater aus den Augen lasse, dann
macht er meine Hausaufgaben nicht ordentlich!«

»Was wäre dir lieber, wenn du einmal

erwachsen bist: dumm sein oder eine Glatze
haben?«, wird Emil von seinem Freund in der
Kommunionrunde gefragt.
»Lieber dumm sein«, entgegnet Emil, »denn das fällt
nicht so auf wie eine Glatze!«

»Warum bist du denn so sauer?«, fragt
Dominic seinen Kommunionfreund.
»Idiotisch!«, sagt dieser. »Ich habe meine Brille
verlegt und ich kann sie erst suchen, wenn ich sie
gefunden habe.«

Tobias und Daniel, zwei dicke
Kommunionfreunde, fahren mit ihren schon etwas
älteren Fahrrädern eine holprige Straße entlang.
Dabei entdeckt Tobias etwas: »Daniel, dein
Schutzblech klappert.«
Daniel: »Was?«
»Dein Schutzblech klappert.«
Daniel: »Was ist los?«
»Mensch, du Dussel, dein Schutzblech klappert.«
Da meint Daniel: »Du musst lauter sprechen. Ich
verstehe nichts, mein Schutzblech klappert ...«

»Was siehst du denn durch deine neue Brille?«,
foppt Elias seinen Kommunionfreund.
»Einen Affen!«, antwortet dieser gereizt.
»Ach so, das ist wohl eine Spiegelbrille!«, gibt Elias
schlagfertig zurück.

Nils und Tom, zwei Freunde aus der Kommuniongruppe, gehen durch den Obst- und Gemüsemarkt.

»Wenn ich Geld hätte, würde ich mir jetzt eine Orange kaufen«, erklärt Nils.

»Dafür gibt man doch kein Geld aus«, belehrt ihn Tom. »Schneid dem Händler doch einfach ein paar Grimassen, dann wird er schon eine nach dir werfen!«

Robin bekommt zum Geburtstag von seinen Kommunionfreunden eine Klobürste geschenkt. Nach einiger Zeit wird er von Paul gefragt, ob er damit zufrieden sei.

»Ich weiß nicht so recht«, erwidert Robin. »Papier bleibt eben doch Papier!«

Josefine und Finja, zwei Kommunionfreundinnen, haben ein Angebot von Josefines Tante für einen gemeinsamen Ferienaufenthalt.

»Ich weiß nicht recht«, zweifelt Finja, »ich habe gehört, dass es in der dortigen Gegend sehr viel regnen soll.«

»Das habe ich zwar auch gehört«, sucht Josefine ihre Freundin zu beruhigen, »aber ich habe mich erkundigt: Es regnet dort immer nur bei schlechtem Wetter.«

»Sag mal, kennst du meinen Urgroßvater?«, fragt Charlotte schnippisch ihre Kommunionfreundin.

»Deinen Urgroßvater? Wieso denn?«

»Weil du dauernd alle seine alten Witze erzählst.«

»Was du nicht verloren hast – hast du das noch?«, fragt Jasmin ihre Kommunionfreundin Emilia.
»Natürlich!«, erwidert Emilia.
»Hast du einen Vogel verloren?«, fragt Jasmin weiter.
»Nein«, sagt Emilia.
Darauf meint Jasmin: »Also hast du einen Vogel!«

Erstkommunikant Adrian will seinen Freund Moritz zur Gruppenstunde abholen. Moritz ist noch nicht ganz fertig und bittet Adrian, kurz hereinzukommen.
Doch Adrian sagt: »Hereinkommen möchte ich nicht, ich habe so schmutzige Füße.«
»Das macht nichts«, kontert Moritz, »du kannst ja deine Schuhe anbehalten!«

»Mein Fuß ist total eingeschlafen. Ich kann überhaupt nicht mehr auftreten«, klagt Erstkommunikant Timo dem Schulfreund.
»Dem Geruch nach zu urteilen, müsste er sogar schon längere Zeit tot sein«, gibt ihm dieser zur Antwort.

Joel und Lennart, zwei Freunde aus der Kommuniongruppe, besuchen ein Museum und stehen vor einem Bild, das betitelt ist: »Der Sterbende«.

Da fragt Joel: »Woran ist der wohl gestorben?«

Lennart antwortet: »Lies doch weiter! Unten drunter steht es ja: Nach einem Stich von Dürer!«

»Weißt du nicht, dass das Spucken im Bus aus hygienischen Gründen nicht erlaubt ist?«, fragt Anton seinen Kommunionfreund Tom.

»Doch«, erwidert dieser, »ich spucke ja nicht aus hygienischen Gründen, sondern weil ich krank bin!«

»Weißt du, wo Afrika liegt?«, fragt Emma in der Kommunionrunde ihre Freundin.

»Nein«, antwortet diese nachdenklich, »aber weit kann es nicht sein. Denn das afrikanische Mädchen in unserer Klasse sagte neulich, dass sie zum Mittagessen immer nach Hause geht.«

Erstkommuni-kanten unter-wegs

Auf der Wochenend-Bootstour der Kommunionkinder ist Annika fürchterlich seekrank geworden.

»Schau mal, dort drüben – das große Schiff«, will Kommunionfreund Erik sie ein wenig ablenken.

Doch Annika bleibt gereizt: »Ich will nichts davon wissen! Sag mir Bescheid, wenn du einen Bus siehst!«

Der Pfarrer besucht mit der Kommuniongruppe ein Museum. Jana ist vom langen Herumlaufen ganz müde geworden und lässt sich erschöpft in einen Sessel fallen.

Ganz aufgeregt kommt der Museumsaufseher angerannt: »Du kannst hier nicht sitzen – das ist der Sessel von Friedrich dem Großen!«

»Wenn er kommt, stehe ich natürlich auf«, versichert Jana.

Als die Kommunionkinder mit dem Zug zum Katholikentag fahren wollen, meint der Pfarrer: »Wir steigen lieber nicht in den letzten Wagen ein, denn der ist bei einem Unfall besonders gefährdet.«

»Wenn die Bahn das weiß«, wundert sich Paula, »warum hängt sie dann den letzten Wagen nicht einfach ab?«

»**Warst du** auf deiner Italienreise auch in Rom?«, will der Pfarrer nach den Sommerferien von Erstkommunikantin Lina wissen.

»Das weiß ich nicht«, gesteht Lina, »denn die Fahrkarten hat ja immer mein größerer Bruder besorgt.«

Marvin kommt vom Zeltlager der

Kommunionkinder nach Hause zurück. Zum Erstaunen der Mutter hat er richtig dicke Backen bekommen.

»Hat dir denn das Essen immer so gut geschmeckt?«, erkundigt sich die Mutter.

»Überhaupt nicht«, klärt Marvin den Sachverhalt auf. »Man hatte mich nur dazu verdonnert, täglich die Luftmatratzen aufzublasen!«

Man darf darauf reiten und es sieht von vorne genauso aus wie von hinten. Was ist das?

Das Reittier. Egal, ob man es von vorne oder von hinten liest, es sieht immer gleich aus.

»Na, Jonas«, fragt der Pfarrer seinen Erstkommunikanten, »habt ihr von eurer Griechenlandreise auch schöne Andenken mitgebracht?«

»Klar«, antwortet Jonas. »Aber mein Papa hat schon alle ausgetrunken!«

»Dürfen wir über Ihre Wiese gehen? Wir möchten gern noch den Zug um 18.20 Uhr erreichen!«, bittet der Pfarrer mit den Kommunionkindern den Bauern.

»Aber bitte, ich habe nichts dagegen«, erwidert der Bauer. »Und wenn der Bulle auf der Wiese ist, bekommen Sie noch den 17.15-Uhr-Zug!«

Am Zeltlager der Kommunionkinder

nimmt der Pfarrer aktiv teil. Als er beim Aufbau des Feldaltars den ersten der vier Pfosten in den Erdboden treibt, gesellt sich Vincent zu ihm.

»Na, Vincent, willst du mir helfen?«, fragt der Pfarrer.

»Nein, eigentlich nicht«, antwortet dieser, »ich will nur mal hören, was ein Pfarrer sagt, wenn er sich auf den Daumen klopft.«

»Wir Kommunionkinder waren gestern mit dem Pfarrer im Zoo«, erzählt Martin seinem Vater. »Da haben wir einen Affen gesehen, der war noch größer als du.«

»So ein Blödsinn«, meint da der Vater. »So einen großen Affen wie mich gibt es ja dort überhaupt nicht.«

Was macht der Glaser,
wenn er kein Glas hat?

Er trinkt aus der Flasche.

Ein Pfarrer möchte mit seinen Erstkommunikanten eine Bootsfahrt auf dem See Gennesaret machen. Er fragt den Bootsbesitzer, wie teuer die Fahrt sei.

»Für jeden 20 Euro!«

»Das ist ja eine Unverschämtheit!«, regt sich der Pfarrer auf.

»Bedenken Sie«, erwidert der Bootsführer, »dass Jesus hier zu Fuß über das Wasser gegangen ist.«

»Kein Wunder«, meint der Pfarrer, »bei den Preisen!«

Die Kommunionkinder der Gemeinde sind für einige Tage in ein Sommerlager gefahren.

Am zweiten Tag kommt Hannes aufgeregt ins Zelt gerannt: »Adrian, ich habe da gerade vier Hufeisen gefunden. Was kann das bedeuten?«

»Ist doch klar, Mensch, dass jetzt irgendwo ein Pferd barfuß herumläuft!«

Bei einer Wanderung nehmen der Pfarrer und die Kommunionkinder in einer Gaststätte das vorher bestellte Mittagessen ein. Robin schmeckt es so gut, dass er sogar noch den Teller abschleckt.

»Robin«, rügt der Pfarrer den Jungen, »das machen nur die Schweine!«

»Aber, Herr Pfarrer«, wird da Robin böse, »beleidigen Sie ja meinen Papa nicht!«

Welcher Pilz wächst nirgendwo?

Der Glückspilz.

Timo hat sich bei der Freizeit der
Kommunionkinder das Bein gebrochen.
»Mit dem Gipsbein darfst du auf keinen Fall Treppen
steigen«, ermahnt ihn der Arzt.
Nach zwei Wochen ruft Timo beim Doktor an: »Darf
ich jetzt endlich wieder Treppen steigen? Mich
strengt das ewige Raufhangeln an der Dachrinne
immer ganz schön an!«

In der Kommunionkinderfreizeit wetten Nico und Alex um zehn Euro, wer von ihnen am besten lügen kann.

Nico fängt an: »Vorige Woche stieg ich auf das Dach unseres Hauses, breitete die Arme aus, flog über die Stadt bis zum Kirchturm und wieder zurück.«

Da steckt Alex das Geld ein und sagt: »Ich habe dich dabei gesehen!«

Die Mutter von Kommunionkind Tom war in der Küche beschäftigt. Da rutschte ihr ein loser Ring mit einem großen Diamanten vom Finger und platzte in den Kaffee hinein. Eigenartigerweise wurde der Diamant nicht nass. Warum?

Der Ring fiel in Kaffeepulver.

Was sonst noch zum Lachen ist

Erstkommunikant Jacob kommt in die
Apotheke und verlangt ein Mittel gegen Schluckauf.
Da gibt ihm die Verkäuferin eine schallende Ohrfeige
und erklärt: »Das ist oft die beste Medizin gegen
Schluckauf!«
»Aber«, stottert Jacob, »ich sollte das Mittel doch
für meinen Vater besorgen!«

Erstkommunikant Moritz sitzt in der U-Bahn.
Es läuft ihm dauernd die Nase.
Da fragt die Dame neben ihm: »Hast du denn kein
Taschentuch?«
»Doch«, erwidert der Junge, »aber ich leihe es nicht
aus.«

Im Bus muss sich Erstkommunikant Paul
übergeben. Ein guter Teil geht einem neben ihm
sitzenden Herrn auf die Hose.
»Na, du Ferkel!«, ruft dieser empört.
»Ferkel sagen Sie zu mir?«, beschwert sich Paul,
»schauen Sie sich erst mal selber an!«

»Ich hätte gern einen Spiegel«, sagt
Erstkommunikantin Alina im Laden.
»Einen Handspiegel?«, fragt die Verkäuferin zurück.
»Nein, einen fürs Gesicht!«

Erstkommunikant Alexander betritt die Buchhandlung.

»Ich suche ein Buch für einen Kranken.«

»Etwas Religiöses?«, fragt der Verkäufer zurück.

»Nein, nein, so schlimm ist es nicht!«

Eine Frau fragt Erstkommunikantin Emily: »Wenn ich geradeaus weitergehe, komme ich dann zu eurer Kirche?«

»Ja«, antwortet das Mädchen, »aber da müssen Sie erst um die ganze Erdkugel herumgehen. Wenn Sie sich jedoch umdrehen und in die Gegenrichtung gehen, sind Sie in drei Minuten da!«

Nach dem Kommunionunterricht fährt Lucas mit der Straßenbahn nach Hause. Als der Zugführer plötzlich stark abbremsen muss, tritt ihn der neben ihm stehende Jonas versehentlich auf den Fuß.

»Hej«, beschwert sich Lucas, »kannst du nicht woanders hintreten?«

»Doch, kann ich«, erklärt Jonas, »bloß dann kannst du ein paar Tage nicht sitzen!«

In der überfüllten U-Bahn räumt Erstkommunikant Noah bereitwillig seinen Platz, als eine ältere Dame eintritt. Diese setzt sich wie selbstverständlich darauf.

»Entschuldigen Sie, ich habe Sie nicht verstanden«, spricht Noah sie an.

»Ich habe nichts gesagt«, erwidert die Frau.

»Ach so, ich vermutete, Sie hätten ›Danke‹ gesagt«, meint Noah spitz.

»Die Blumen, die ich erst gestern für meine Mama kaufte, sind heute schon total welk«, beschwert sich Erstkommunikantin Charlotte im Floristengeschäft.

»Komisch«, erwidert die Verkäuferin, »bei mir blühten sie zwei Wochen!«

»Bitte fünf Pakete Mottenkugeln!«, verlangt Erstkommunikant Gereon in der Drogerie.

»Aber du hast doch gestern erst zehn gekauft«, entgegnet ihm die Verkäuferin.

»Ja – aber ich treffe so schlecht!«

Laura und Julian begegnen nach dem Kommunionunterricht ihrem Nachbarn auf der Straße.

»Nehmt gefälligst die Hände aus den Taschen, wenn ihr mich grüßt!«, rügt der Mann die Kinder.

»Wir haben Sie gar nicht gegrüßt«, verteidigen sich daraufhin die beiden.

Auf der Straße trifft der Arzt Erstkommunikant Nico, den er für eine Woche krankgeschrieben hat.

»Ich habe dir doch Bettruhe verordnet. Willst du dir vielleicht eine Lungenentzündung holen?«

»Nein, Herr Doktor, nur eine Flasche Cola!«

In der U-Bahn sitzen sich Erstkommunikant Ben und eine ältere Dame gegenüber. Der Junge kaut unentwegt auf einem Kaugummi herum.

Schließlich fasst sich die ältere Dame ein Herz:

»Junge, es ist zwecklos, auf mich einzureden, ich bin schwerhörig!«

Was ist das witzigste Tier?

Das Pferd. Es kann eine ganze Straße veräppeln.

Erstkommunikantin Sara hat eine ziemlich rege Fantasie. Deswegen sind ihre Aufsätze auch meistens recht gut. Beim letzten Aufsatz »Ein Wintertag« aber schoss sie über das Ziel hinaus. Die Lehrerin konnte in ihrem Heft lesen: »Es war ein fürchterlicher Schneesturm. Selbst die ältesten Schneeflocken konnten sich nicht daran erinnern, so dicht gefallen zu sein.«

Erstkommunikant Elias steht lachend im Schulflur, als plötzlich der Schulrat vorbeikommt.
»Na, mein Junge, warum bist du denn nicht im Unterricht?«
»Ich habe einen fahren lassen und da hat mich der Lehrer rausgeschickt!«
»So, und da lachst du auch noch?«, wundert sich der Schulrat.
»Ja, das ist doch auch zum Lachen. Mich schickt er an die frische Luft – und er bleibt drinnen im Mief!«

Ein älterer Herr fragt Erstkommunikant Till an der Haltestelle: »Wann kommt denn die nächste Straßenbahn?«
Till ist um eine Antwort nicht verlegen: »Das kann nicht mehr lange dauern. Die Schienen liegen ja schon da!«

Faul auf dem Sofa liegend, beginnt
Erstkommunikant Tobias zu philosophieren:
»Man sagt immer, Zeit ist Geld. Aber das stimmt
doch gar nicht. Denn ich habe den ganzen Tag Zeit
und doch kein Geld!«

Erstkommunikant Leo will die abfahrende
Straßenbahn noch erreichen und rennt hinterdrein.
Da stolpert er und fällt in eine Pfütze. Er strampelt
mit Armen und Beinen.
Ein älterer Herr, der gerade vorbeikommt, sieht es
und meint: »Nein, mein Junge, mit Brustschwimmen
schaffst du das auch nicht mehr!«

»So«, sagt der Apotheker zu
Erstkommunikantin Franziska, »hier sind die
verschriebenen Schlaftabletten. Sie werden für die
nächsten drei Wochen reichen.«
»So lange wollte ich eigentlich gar nicht schlafen«,
wendet das erstaunte Mädchen ein.

Was rennt gegen die Kellerwand
und klirrt? Eine Maus mit Glasauge.

»**Ich hätte gern** ein Fläschchen Parfüm«, verlangt Erstkommunikant Benjamin in der Drogerie.
»Als Geschenk?«, fragt die Verkäuferin zurück.
»Nein, für mich. Ich möchte, dass ich gut rieche, auch wenn ich mich nur ganz wenig gewaschen habe!«

Mit welcher Hand rühren
Japaner den Zucker im Tee um?

Mit keiner, sie nehmen einen Löffel.

Erstkommunikant Vincent will in der Apotheke einen Hustensaft kaufen.
»Hast du ein Rezept dabei? Ich habe nämlich verschiedene Sorten!«, erklärt der Apotheker.
»Nein, aber ich kann ja mal husten, dann hören Sie, welche am besten passt!«, schlägt Vincent vor.

Erstkommunikant Jonathan, ein begeisterter Fußballer, wartet auf den Bus. Er vertreibt sich die Zeit, indem er an der Haltestelle Dribbelschritte übt. Eine ältere Dame beobachtet ihn und sagt nach einer Weile: »Komm, mein Junge, ich zeige dir, wo eine Toilette ist!«

In den Bus steigt ein Kontrolleur ein und
sagt zu Erstkommunikant Joel: »Deine Fahrkarte,
bitte!«
Darauf antwortet Joel entrüstet: »Da könnte ja jeder
kommen. Kaufen Sie sich gefälligst selbst eine!«

»Zum Donnerwetter, wer drängelt denn dahinten
so?«, fragt der Mann am Eisstand.
»Es hat ja keinen Wert, wenn ich Ihnen das sage«,
schreit Erstkommunikant Tilo nach vorne. »Sie
kennen mich ja doch nicht!«

Erstkommunikant Karl kauft sich in Begleitung
seiner Mutter ein Paar neue Schuhe.
Der Verkäufer meint: »Die Schuhe werden in den
nächsten drei oder vier Tagen noch etwas drücken.«
»Das macht nichts«, erwidert Karl. »Ich ziehe sie erst
am Weißen Sonntag an.«

© Verlag Katholisches Bibelwerk GmbH, Stuttgart 2016
Alle Rechte vorbehalten

Gestaltung: wunderlichundweigand / Stefan Weigand
Umschlagzeichnung: Gerhard Foth
Druck: finidr s.r.o., Český Těšín
Printed in the Czech Republic

www.bibelwerk.de

ISBN 978-3-460-20772-1